Marktwirtschaftliche Gedichte

Ralph Henry Fischer

AF211471

Ralph Henry Fischer

Marktwirtschaftliche Gedichte

Bibliografische Information der Deutschen Nationalbibliothek:
Die Deutsche Nationalbibliothek verzeichnet diese Publikation in der
Deutschen Nationalbibliografie; detaillierte bibliografische Daten sind im
Internet über http://dnb.dnb.de abrufbar.

Umschlaggestaltung: Michaela Fischer

Herstellung und Verlag: BoD – Books on Demand, Norderstedt

ISBN: 978-3-7578-0908-9

Auftakt

Politische Hausapotheke

Betacarotin
die Vitamine C und E
und das essentielle Spurenelement Selen
besitzen die wichtige Eigenschaft
freie Radikale abzufangen.

Die Aneignung des Mediums

Über die frostige Glätte des Bildschirms
schob sich zum Entsetzen des Nachrichtensprechers
allmählich eine warme private Schicht
gelben Nikotins
das seine eingefrorene Visage
ein wenig menschlicher machte
ein wenig nur
wird sich ändern
wenn sein Gesicht dereinst verschwindet
bleibt immerhin
die Nachricht.

Die Ästhetik des Widerstands

In seiner Ansprache
zu Alice Schwarzers 100. Geburtstag
äußerte der Festredner die Hoffnung
sie möge noch recht lange
für die gerechte Sache der Frau eintreten
hieße
die Privilegien des Mannes zu beschneiden
zeigte er wenig Bereitschaft
als er bei der Übergabe der Medaille ihre Hand küsste
trat sie ihm mit 100jähriger Wut in
die Hoden
sind
nur ein Teil der Unterdrückung
liegt so klar auf der Hand.

Wahrnehmungen

Dein müdes Krokodilauge
verdurstet mutterseelenallein
da
im Schuppen hinterm Haus
stapelt die Angst
Berge

der leere Pullover auf dem Stuhl
spricht von dir
wie vom Wetter: lustlos

unsere hilflosen Worte
krümmen sich am Boden
zwischen Staub und Scherben
manchmal noch ein Schrei
dringt zu mir

Bei Anbruch des neuen Tages

Was für ein Ekel
beim Anblick der Dinge
an so einem Tag
schlich er
die Straße zum Kai hinab
umzäunte Anwesen
ringsum
die müden Schreie der Zikaden
klangen wie trocknes Laub
im Herbst
hatte Cindy hinter der Hecke
dem Transistor eine Botschaft abgelauscht
die
niemand sonst verstand
es
als er um die Ecke kam
sah er
alte Männer in den Cafes
beäugten ihn
voll Misstrauen
verzog einer den Mund und fragte
was er wolle
wusste er
nicht
einen Augenblick
später
war ihr Spott
freundlicher
zeigten sie ihm
die billigste Kneipe am Ort
versammelte gegen Abend
Typen wie ihn
traf man dort

alle Tage
kamen sie
um den Ekel
zu teilen
etwas Wein, ein Brot und Zigaretten
nahm er mit
zur Kirche
wo
er schlief
wie ein Kind
in
die Wunder des kommenden Tages
geschahen
woanders
waren bloß die Dinge
anders

Die Nachbarn beobachteten ihn
seit längerem
hatte er kein Wort gesprochen
keinen Ton von sich
ge-
geben
wir ihm
noch einen Tag
geben wir
ihm
fiel nichts Ungewöhnliches auf
als sie sich näherten
lächelte er
so
gar
nichts
begriff er
alles
lief
wie geschmiert
quollen die Schreie aus ihm
her-
Aus!
rief
einer
nahm seinen
Arm
in Arm gingen sie
ins Haus zurück

Je mehr sein Blick sich schärfte

umso mehr sah er

Dinge

gibts

denn so

was

ihn betraf

fast alles

floss

vorbei

die Zeit der

unschuld

ig

war

niemand und nichts

entging

seinen Augen

gelang

die Gesamtschau des Erkennbaren

vermittelte nichts als

das Bewusstsein der Ohnmacht

dem Unvollkommenen gegenüber

schärfte so den Blick fürs Detail

enorm

wie er von da an sich selbst sah

erfuhr aber niemand

Er hat sich die Seele
aus dem Leib
gesoffen
wie ein Loch
in der Selbstverständlichkeit des Geschehens
zu stopfen sei
wusste er auch
nicht
dass
er verzweifelte
bloß
an der Selbstverständlichkeit
lag es

Diese Sehnsucht nach Leben im Grünen

belastete ihn

sehr

bezeichnend in dem Zusammenhang

ist auch sein hingeworfnes Wort

dass alles auch ohne ihn

seinen Lauf

nähme

man diese Äußerung allein

entstünde allerdings

der Eindruck eines gewissen Solipsismus

täuschte so

selbst seine Feinde

wähnten sich

sicher

macht der uns keine Schwierigkeiten

mehr

als ihnen lieb

wahr-

scheinlich küsste er

das bisschen Gras

ehe sie ihn erlegten

küsste er bestimmt

das grüne Gras

schlug dann über ihm

zusammen

Immer blieb er
direkt am Ball
lief er in
sein Verhängnis
war
nicht sein Ehrgeiz
vielmehr
dessen Motiv
der Ball
kostete ihn alles

Bei Anbruch des neuen Tages
packte ihn
das Glück der Verzweiflung
ließ ihn
alle Vorsicht
vergessen
d
schrie er den Leuten
ihre Niedertracht
ins Gesicht
geschrieben war ihm
die Wut des Ohnmächtigen
verzerrte
die Wahrheit
zur Fratze
erstarrt
bestätigte sein Gesicht
nur den Vorzug
ihrer Lügen

Seit sich die Sonne

in seinem Zimmer aufhielt

schauten manche

zum Fenster hinein

kam dennoch niemand

sie benutzten die Tür

um die Welt zu liefern

die noch fehlte

hätte es seiner Einwilligung bedurft

hätte er abgelehnt

hätte man ihn an die Wand gestellt

wäre alles umsonst gewesen

Ein Blick aus dem Fenster genügt

um die Welt zu erkennen
beugte er sich weit
nach draußen
zog ihn neben anderem
sein Gewicht
brachte ihn der Welt
näher
gings wirklich nicht

Wer mich bezahlt

hat mich
in der Hand
der berühmte Spatz
wirft mich um halb 7 aus dem Bett
lässt mich den Kaffee runterschlürfen
in die Klamotten hasten
zum Bus rasen
wie ein Irrer
erscheine ich trotzdem
immer verspätet
zur Arbeit
zwingt mich nichts
als die eigne Unterschrift
auf nem Stück Papier
verkauf ich meine Seele
gegen etwas Geld
in der Hand
der Vogel
knistert leblos
wie der Leib Gottes
im Mund des Pfaffen
wirkt ne Taube ebenso pervers wie
auf dem Dach des Supermarkts
Prometheus
harrt noch immer auf
die gerechte Strafe
ist nur ne Umschreibung für
da-bei-sein
ist alles
Unfug
weißt
du

lebst so wenig
nach einem Beruf
als die Blume

Mir steht frei

den ganzen Dreck hinzuwerfen
irgendwem vor die Füße
den beschissenen Alltag
vom gewaltsamen Beginn
zum unfreiwilligen Ende
ist es weit
bis Macaria
komm ich
nie im Leben
mehr
den Tod vergessen
die Lügen beklatschen
das Elend verleugnen
die Angst verbergen
nie mehr
den Anworten die Fragen unter-
schlagen
Sie sichs
aus dem Kopf
dieser steinernen Maske
tropfen saftige Sprüche
zur Erde
eine Beziehung herstellen
eine menschliche
ehrliche, selbstverständliche
Geste
gelingt
nie
als
im Zorn nur
bin ich so frei
die Unfreiheit zu schmecken

Die Kneipe war gerammelt voll
lauter leere Gesichter
hingen
im Raum
lag ein seltsamer Geruch

Worte schwammen in trüben Lachen
zwischen den Füßen
hockte ein Hund
und schlief

die schwangere Grete saß wieder
in ihrem fettigen Pappteller an der Theke
und verzehrte sich
selbst
ich bemerkte die gedrückte Stimmung
nach einer Weile
stand ich auf
und ging

Jemand muss unsere Sache

in die Hand nehmen
forderte der Belegschaftssprecher
energisch
applaudierten alle
da er sich anbot
die eigne Hand zu opfern
fiel ihm leichter
als
wir dachten
jetzt wird alles
besser
ich geh allein
sagte
er
trug die Sache
zur Chefetage
schaffte er es
unversehrt
lieferte er sie im Vorzimmer
ab
da war er ein gemachter
Mann
was soll jetzt werden?

Auf dem Feld
wuchs
kein Gras mehr
zu sehn
weit und breit
nichts
als Ehre

Der Hl. Vater

mästete seine Tauben

in einem Verschlag

hinter der Monstranz von St. Peter

drehte er ihnen zu Weihnachten den Hals

um

inneren Frieden zu finden

bedarf es einer guten

Mahlzeit

rülpste ein Vikar im Rheinland

angesichts der päpstlichen Weihnachtsgabe

ging er seinem Herrn

mit christlichem Appetit

zu Leibe

und zu

Wasser

lassen

wir es uns nicht nehmen

Sie in dieser hochheiligen Nacht

auf

die Verpflichtung gegenüber der 3. Welt und ihren Bewohnern

aufs schmerzlichste

die ökonomische, menschliche Verpflichtung

gewisser

maßen

wir uns nicht an

Daheim ist es am schönsten

meinte

einer

schob die Familie vor

um die sein Leben kreise

was auch immer

auf der Straße geschieht

das Wesentliche

ist

die Geborgenheit

die Ruhe

vor dem Sturm

entging

ihnen

wurde erst klar

dass

etwas geschah

beim Bersten der Glotze

Samstag im Stadion

zwei Typen

die sich Witze erzählten

lachten dermaßen

dass der Schiedsrichter das Spiel abpfeifen musste

brachte die Leute glatt

zur Raserei

genügte

ein kleiner Anstoß

und das Spiel lief

weiter

passierte nichts

an dem Tag

fiel nich mal n Tor

Drei Aachener Skizzen

1
Durchs Luftloch, dem noch das Gitter fehlt,
weht Regen herein.
Die grauen Wolken,
die schmatzende Mittagsstille
passen gerade noch hindurch.

Draußen zwischen den Leichenhäusern
mit ihren verriegelten Fenstern
und zugerissnen Gardinen
eine Handvoll Bäume,
die alles maßlos ankotzt.

In meiner Höhle das einzig Lebendige:
die Tropfen aus dem Wasserhahn.
Ansonsten Stöße Papier,
verrecktes Holz,
plastikbeschichtet oder
zwischen Buchdeckel gequetscht,
um zerrupfte Pflanzenreste gewickelt,
die man in den Mund schiebt und ansteckt.

Die göttliche Gabe der Kreativität
in Form elektronischer Kleinkunst
stets griffbereit zur Hand:
auf Bänder und Platten gepresste Töne,
Stimmen, die wie Menschliches klingen,
auf Knopfdruck hin im Raum,
wenns beliebt selbst ein Gesicht oder Brüste
oder Landschaft oder Theorie ...

... während die künstliche Hitze

der fernbeheizten Kochplatte
todsicher einer Tasse Kaffee wegen
einen halben Liter Wasser um die Ecke bringt.

2

Diese gemeinsamen Nächte
um einen Tisch herum.
Worte wie Billardkugeln:
zusammentreffend,
auseinanderstrebend,
zur Ruhe kommend,
verharrend.
Was unter den Tisch fällt,
ist verloren.

Draußen im Hof das erste Gesäusel der Vögel.
Wieder nichts getan.
Gesessen, geraucht, geredet.
Genügt das? Ist das schon genug?
Unbeweglich mich der Leere vergewissern:
so übel ist das nicht.

Noch klingt die Vogelstille beruhigend,
fast vergesse ich, dass ich in einer Stadt lebe.
Dieses Gewirr von Häusern, Straßen, Fabriken, Geschäften.
Diese Knäuel von Menschen,
die nichts verbindet
als die gemeinsame Postleitzahl
und die Anfangslettern auf den Nummernschildern
ihrer Mordfahrzeuge.
Einen Augenblick
vergesse ich dies
fast.

Die Gnadenfrist bis zur Erhellung der Wirklichkeit.
Der täglichen Hinrichtung sehe ich
gelassen entgegen.

3

(Cafe Aquarium)
Auf dem gelben Tischchen
mein Notizbuch, Zigaretten, das Kännchen Kaffee.
Ein paar Leute vor ihrem Bier
sprechen über Gott und die Welt.
Am Teich unten
die letzten Hartnäckigen
werfen ihre Angelruten.

Der Kaugummiautomat
neben dem Vogelhaus unter der Eiche
schillert im trüben Licht
in 100 synthetischen Farben.
In meinem Kopf
grelle, zerfließende Kleckse,
taumelnde Szenen aus einem Comic-Strip.
Der Text, der alles erläuterte,
bleibt noch zu finden,
die ausgesparten Wolken am bunten Bilderhimmel:
noch leer und weiß.

Der Wind, der die Haut spannt,
erleichtert irgendwie.
Um was?
Und warum trotzdem diese Zweifel
schon am Einfachen?

Gedichte für Greta

Gähnen

Die Außenwelt der Innenwelt,
eine lithurgisch differenzierte Bewegtheit,
eingefangen im leisen Zucken der Mundwinkel,
in der unmerklichen Verzerrung der Lippenstriche
zu einem unregelmäßigen Zickzack.
Dann der grausige Abgrund
deines weit geöffneten Schlunds –
fast scheint es als wolltest du uns
verschlucken!

Im Magen liegt ihr mir
auch so schon, unverdaut.
Das Leben nämlich ist ein Stein,
neuerdings so groß wie die Welt.
Und ich bin nicht Atlas,
wie ihr wohl wisst.

Marx´ Bild der Welt

ein buntes Kinderbuch
aus alten, sagenhaften Zeiten,
empfohlen zur Entspannung feierabends
oder als leichtgewichtige Lektüre
vor dem Schlafengehen,
ein Comic-Strip,
ein Märchen aus vergangenen Tagen,
da die Welt noch von Ahnungslosen bewohnt war.

All die rechten und linken Katechismen:
nette, verspielte Kuriositäten,
wie der Satz des Thales neben der Molekularchemie.
Die Gläubigen: sie haben sich wohl
in der Zeit geirrt.
Oben und Unten: Krücken für Zurückgebliebene,
die es auch noch lernen werden.
Die Priester, Gottesfürchtigen, Mystiker,
die heiligen Väter, Mütter, Familien
können ihre Existenz nur noch
als Beleg der Trägheitskraft rechtfertigen,
Bälle, die in verflossenen Epochen
irgendein Kraftmeier zu heftig schlug,
so dass sie in eine Landschaft rollten,
die solche Spiele nicht mehr
kennt und braucht.
Die Priorität der Sachen
kennzeichnet den akuten Lauf der Dinge,
die Versachlichung der Menschen
und ihrer Beziehungen
macht die Menschen und ihre Beziehungen
zu einer Sache der Funktionalität,

der Aufrechterhaltung des Laufs
überhaupt.
Emotionen sind da mehr als
unangebracht, selbst
wissenschaftlich einwandfreie
Gefühle (wo sie auftreten)
bezeugen Neurosen,
wenn nicht Schlimmeres!

Und wie stehts mit dem Lachen?
Kaum, sagst du,
worüber schon?
Wenn ich lache,
erschrecken die andern,
vor der Grimasse,
das ist es nicht wert.
Nur wenn ich allein bin
manchmal
lache ich
so durch die Lippen
leise
nach innen.
Eine Privatsache.
Und du?

Ich lache mir
ins Fäustchen,
in die Fäuste, weißt du,
um die Gelenke zu lockern.
Tja, sagst du,
so ist das.

Sentimental Journey

1

Manchmal stelle ich mir Leben vor,
irgendwo auf dem Land vielleicht,
wo wirkliche Sonne scheint
und wirklicher Regen fällt
und wirklicher Tau
an wirklichen Blüten klebt,
morgens im Herbst,
so gegen Sieben.
Wo der Boden nach Erde riecht,
nach Dung, Feuchtigkeit, Verwesung.
Da könnten wir (hätte ich Freunde)
im Sommer, im Morgengrauen
auf den nassen Wiesen
Champignons suchen
oder mittags
im Wald
Beeren, wilde,
die kleinen herben Erdbeeren etwa
oder Blaubeeren, Brombeeren, Himbeeren.
Ja.
Der kleine Junge.
Chancengleichheit.
Man vergisst dabei wohl
all die kleinen Mädchen
und die kleinen Jungen,
vielleicht weil sie
in den versiegelten Leibern
der Frauen und Männer
gefangen
sind.

2

Doch wie sag ichs meinem Kinde,
dem kleinen Namensvetter in mir,
mit seinen großen Augen,
dem staunenden Mund,
der glatten, weichen Haut?
Wie erkläre ich ihm,
dass er nicht mehr
zum Zuge kommen wird,
voraussichtlich?
Und was antworte ich,
wenn er fragt: „Warum
denn nicht? Warum denn nicht
ein einziges Mal, wenigstens?"

Dass alles nun einmal so ist,
dass der kleine Junge ein junger Mann,
der junge Mann ein großer Erwachsener,
der Erwachsene ein kleiner alter Mann wird,
und dass doch sie alle
immer nur ein- und dieselbe Person
sind und bleiben
und trotzdem immer nur
der jeweils verlangte
am Zug sein darf
und dass das alles nun einmal
so ist
und zwar
seit jeher,
und darum auch so bleibt
vermutlich,
bis auf Weiteres ...
er würde es nicht verstehen.

3

Weitreichende Ereignisse folglich,
im Dienst einer unergründlichen Harmonie,
die mir eine Visage verpasste,
die mich unübersehbar
als erwachsen ausweist.
Mit anderen charakteristischen Merkmalen
dieser Menschenart
rechne ich schon seit längerem
nicht ernstlich mehr,
zumal ich sie mir
bislang gottlob
auch nicht verdiente.
Wenn es denn überhaupt einer verdient:
erwachsen zu werden.
Die Frage, ob mit solcher Metamorphose
eine Art Sühne geleistet wird
für vergessene Schuld,
ist nicht unumstritten –
wenngleich ich mir
mein derzeitiges Gesicht
anders kaum zu erklären vermöchte.

Schöne Aussicht

Nur gewisse Zellen
im ansonsten abgestorbenen Organismus
leben noch auf ihre Art,
wachsen, wuchern
ungehemmt hemmungslos
im Krebsgang,
dem irritierenden.
Das Leben floh in die Krankheit,
die neue, die zeitgemäße,
die unheilbare.
Noch also
ist es nicht
ganz verschwunden.
Schätzen wir uns glücklich
ob dieses Zeichens!
Das Leben überlebt
die von ihm Befallenen,
es geht oft
merkwürdige Wege,
wenn man ihm
keine anderen lässt.

Drei Fragen

Die staubige, stechende Wärme des Strohs
auf dem Wagen hinter dem Pferd.
Oder der Nebel in dem kleinen Tal
mit dem Bach. Die weißen Milchfetzen
über dem Boden, die schwarzen
Kronen der Bäume.
Oder: die Vögel vor dem Fenster
der ersten durchliebten Nacht,
dieses Mädchen und ich,
Pläne, Ziele, Fragen,
so verschieden nicht von denen
zahlloser New Yorker Tellerwäscher
zu Anfang des Jahrhunderts,
denen mit wachsender Arbeit
die Million ins Haus stand.
Welche?
Eine Million Dollar?
Oder eine Million Teller?

Dialektik

1

Bisher klappte es mit dem Vertagen.
Aufschub. Morgen. Übermorgen. Demnächst.
So entsteht Hoffnung, auch ohne Prinzip,
durch bloße Ignoranz.
Einen Platz erobern.
Kindheit. Schule. Beruf.
Perspektiven.
Irgendwohin gelangen.
Alles aussteigen, wir sind da!
Wie? Schon?
Endstation?
Endstation ist das falsche Wort,
der allgemeine Lebensraum, würde ich sagen,
mit den Ausmaßen eines
mathematischen Staubkorns.
Hätte nicht vermutet,
dass das Ende so lange dauert,
noch 30 Jahre? 40?
So ist das eben.

2

Eigentlich
ändert sich so viel nicht.
Noch immer gibts ein Morgen.
Dass es wie das Heute wird,
von nun an
täglich,
ändert daran nichts.
Eine Frage der Genügsamkeit,
der Gelassenheit, der Ruhe.

Nun gut, ich bin
genügsam gelassen ruhig,
so sehr, dass ich den Schmetterling
schreien höre,
tatsächlich,
der alte Traum.
Nur... mein Schrei, hörst du,
wird totgeschwiegen!

3
Denkst du, mir ginge es anders?
Oder den andern?
Es liegt nur an den Fäden, weißt du,
den langen Leinen, woran wir laufen.
Irgendeine Kraft vom Himmel aus
hält uns in der Hand,
manchmal übrigens
sieht man die Fäden,
wenns regnet beispielsweise,
in den Städten, den erwachsenen Landschaften.
Wie ein Vorhang füllen sie die dünne Luft,
eine Art elastischer Fortsatz
jedweden Rückgrats,
das Gerippe der Welt
gewissermaßen,
ein scheußlicher Anblick.

Inventur

1

Leben, sagst du,
das ist keine Frage,
schließlich leben wir doch
zweifelsfrei,
seit langem schon.
Energisch verweist du
auf Urkunden, die Geburten
und Tode bezeugen.
Dazwischen, sagst du,
ist das Leben,
irgendwo
zwischen diesen Punkten
des Anfangs und des Endes
muss es sein,
irgendwas
muss da ja sein
auf dieser Strecke,
und das, sagst du,
nennt man Leben.

2

Das ist ein Stuhl.
Das ist ein Tisch.
Das ist eine Tasse.
Das ist Kaffee in der Tasse.
Das ist der Aschenbecher,
das die Brille, das mein Kugelschreiber,
das ist meine Hand.
Was ist Liebe?

3

Geht es denn darum? fragst du.
Ich weiß es nicht, sage ich.
Ein Geheimnis, sagst du.
Was? frage ich.
Alles.
Wie? frage ich, noch immer?

4

Meine Haut wirft Falten,
der Rücken krümmt sich,
die Haare fallen aus,
die Venen in den Beinen
knüpfen Knoten.
Ich weiß zu reden, zu deuten, einzuschätzen,
die Gesetze der Wirtschaft, der Philosophie,
der Menschenkunde sind mir geläufig,
und auch die Gesetze der Gesetze.
Die Welt ist mir nicht neu,
die Mitteilungen der Nachrichtendienste
sind längst kein Rätsel mehr,
die führenden Männer durchschaue ich,
die Karrieren, die Schlagzeilen,
die Vorgänge, die Perspektiven, den Wahnsinn.

5

Im Regal die Weltliteratur:
beruhigend, dass so viele schon
sich Kopf und Herz zerbrachen.
Menschengeist. Geister in Buchform.
Wie viele Bäume starben,
damit die Geister
ihre papierne Gruft fanden?

Nun gut, die eine Seite.
Immerhin sind die Geister
harmloser als die Lebenden,
Geisterhände krümmten noch
niemandes Haar bislang.
Und bekanntlich ist Papier geduldig,
insonderheit mit seinen Feinden.
Schlagen können nur
Glieder aus Haut und Knochen,
mit etwas Fleisch und Fett dazwischen,
Sehnen, Nerven, Muskeln, Blutgefäße.
Leben.
Die andere Seite.

6

Das Geschäftliche übrigens
funktioniert: der Broterwerb, das Dach über dem Kopf.
Miete: pünktlich bezahlt, Dauerauftrag.
E-Werk, Wasserwerk, Telefon: Dauerauftrag.
Im Haus noch 6 andere Familien,
das Gemeinschaftliche (neben der Putzfrau
fürs Treppenhaus): die Antenne auf dem Dach,
eine solidarische Anschaffung,
für den besseren Empfang
von Sendungen.
Kommunikation
mit der ganzen Welt.
Begegnungen im Treppenhaus hingegen
sind tunlichst zu vermeiden
oder, stellen sie sich dennoch ein,
mit einem raschen Gruß
hinter sich zu bringen.
Der eine geht die Treppe hoch,

der andere runter – was hat man da
miteinander zu tun? (die Hausordnung)

7
Der mündige Bürger.
Der informierte Bürger.
Der Bürger in Uniform.
Der Wohlfahrtsstaat, der Rechtsstaat.
Grenzen. Kompetenzen. Schwänzen.
Blaue Montage, schwarze Freitage,
Wochenenden im Grünen, zu festlichen
Anlässen: das Weiße Hemd.

8
Die Preise steigen,
wenigstens etwas, das sich bewegt,
doch wie jede Bewegung
stößt auch die auf Ablehnung.
Wir kennen das:
1 Zettel vor dem Einkauf,
1 zweiter hernach,
beider Vergleich
befriedigt nie,
doch wenigstens ist
der Schrank wieder voll.

9
Die Mahlzeiten werden bereitet,
abwechslungsreich, pikant, gesund.
Essen, Trinken, schmutziges Geschirr,
Spülen im Schaum mit Limonengeruch.
Zigarette, Zeitung, Radio,
Badezimmer, Zähneputzen,

sauber ins Bett.
Gedanken, vertraute, schwerelose,
von Unbekanntem, Neuem, Fremdem,
Vorbereitung stiller Träume ...
und trotzdem jeden Morgen
ein unfreiwilliges Erwachen,
verquollenes Gesicht,
Verdauungsschwierigkeiten,
Mundgeruch, verklebte Augen.
Bad, Dusche, Zähneputzen,
die Nacht mit ihren Träumen
verrinnt im Abfluss,
übrig bleibt: das Bekannte, das Alte,
das Eine: Leben.

10
Ein Geheimnis.
Was? frage ich.
Alles.
Wie? Noch immer? Noch immer?

Gedichte für Greta

1

Im Traum gestern
fast Gretas alten VW
kaputtgefahren.
Irgendwie zog es mich
zu dem Baum an der Toreinfahrt.
Sachschaden. Am Baum.
20 Stundenkilometer
sind so gut
wie Nichts.
Nicht mal das Radio ließ sich stören,
im Übrigen war ich angeschnallt.

2

Der Traumberuf des deutschen Mannes,
der Traumberuf der deutschen Frau
für ihren deutschen Mann: Förster!
Wer hätte das gedacht!
Ist das schon ein Beweis
für Zivilisationsflucht?
oder gar für
Unbehagen an der Kultur?
Ich würde es begrüßen.
Oder etwa nicht?
Möchte ich Förster sein?
Eher Reh, denke ich.
Doch kein deutsches.
Will ja nicht mal
ein deutscher Mann sein,
und nicht mal der
einer deutschen Frau,

die von Förstern träumt!
Und fliehe dennoch
die Zivilisation.
Vermutlich bin ich bloß ein Hase.
Immerhin.

3
Aber leb doch innen
Freund
wende dich an dich
vertrauensvoll
senk dich hinein
ins Innere
lern die Eingeweide deuten
sprich mit dir selbst
mach es mit dir aus
was dich bewegt
oder du verrätst
deine Unbrauchbarkeit!
Und denk nicht zurück
an die Zeiten weißer Flecken
auf den Landkarten!
Ich weiß, da gab es noch Hoffnung,
dem Gradnetz zu entwischen.
Vorbei.
Such nun
die weißen Flecken
in dir drin,
erforsche das Interieur ...
wünsch dir,
dass du was findest,
weiße Flecken, zwei oder drei
zumindest.

4

Die Tränen auf dem Handrücken
die unkontrollierten Augenbrauen
der zitternde Mund.
Du atmest so schwer
heut Abend –
fehlt dir was?
Sieh die Sterne,
die dreieinhalb, die
die Stadtluft zulässt:
wie müssten sie weinen,
hätten sie Augen
oder doch Tränendrüsen.
Du meinst, sie weinen?
Der Regen?
Nein, das sind nur
die Wolken, Liebling,
die grauen, grauenvollen Wolken,
die auch nicht wissen,
wohin
wohin
mit ihrem Schmerz.

5

Schade eigentlich,
dass das Leben so mühsam wird,
wenn man den Ausstattungsfilmen
nichts mehr abgewinnen kann,
diesen Tag für Tag erschufteten
Gütern und Waren,
diesen Operettenwohnungen
und Freizeitspielen.
Die Zeit gibt uns frei,

16 Stunden pro Tag,
ganz für uns allein.
8 davon allerdings
brauchen wir für die
Wiederaufbereitung
der ausgebrannten Elemente
in unserm Innern,
die nächtlichen.
Den Rest schlagen wir uns
am besten um die Ohren.

6
Acht bis Siebzehn Uhr:
Vermehrung des Volksvermögens
Stützung des ökonomischen Gleichgewichts
Zerstörung des ökologischen Gleichgewichts
Ignorieren des privaten Gleichgewichts.
Schaffen
zugunsten
des Ganzen
das alle trägt und umhüllt:
der schützende Mantel
der Regelmäßigkeit
der Sicherheit
der Ruhe.
Nicht einmal
der Schweiß des Angesichts mehr
ist erforderlich,
und wo er dennoch auftritt,
helfen Sprays.
Nichts und niemand
stinkt mehr – außer das Ganze,
das unsre Wangen umschmeichelt,

doch das ist uns gemein,
vertraut,
also
stinkt es nicht, sondern
duftet,
duftet den betörenden Duft
aus Abrahams Schoß.

7
Überstehn ist alles.
Geflügeltes Wort ohne Schwingen,
sterbender Vogel,
taumelnd im Schmutz,
mit schreckensweiten Augen,
hämmerndem Herzen.
Das Weitere wird sich schon finden,
das Weitere.
Nimm dir ein Beispiel:
schließlich
überstehen
Alle
alles.
Was?
Wen?
Tage, Wochen, Monate, Jahre,
Jahrzehnte
Stunden
Minuten
Sekunden

8
Die Morgensonne jagt
das Personal jedweder Landschaft

in die Büroräume
Wartezimmer
Schaltstellen
Chefetagen
Werkhallen
der Firma DASEIN & Co. GmbH.
Niemand haftet.
Sind Sie versichert?
Wogegen?
Wofür?

9
Lieber die Nägel zerkauen
die Haare raufen
lieber mich selbst verzehren
lieber schweigen als wüten
lieber Nichts und Niemand überstehn
als mit ihnen mitzugehn
lieber
das Scheitern zur Kunst machen
als den Erfolg zur Wirklichkeit
lieber
die Liebe leben
als das Leben lieben
lieber heute als morgen
glücklich sein,
aber nie,
nie
das Glück machen!

10
Die Nächte wenigstens
haben noch ihre Träume.

Was aber
was
haben die Tage?
Außer Tageswerk?
Außer Nachrichtendiensten
Straßenlärm
Geschäftszeiten
Warenumschlag
öffentlichen Verkehrsmitteln
Mahlzeiten
Waschungen
Münzen
Scheinen
Stunden auf der Uhr?
Außer
Handeln und
Worten?
So viele Worte, Worte,
gedruckte, geschriebene,
gesprochene,
verlorene, gefundene,
unter Tisch und Stuhl gefallene,
vergessene,
ungesagte.
Wie ich die ungesagten Worte liebe.
Wie ich die Nächte liebe,
auch die einsamen,
allein mit mir,
diesem Rätsel.

11
Die Bäume mit ihren Kronen:
solche Herrscher wünschte ich mir.

Die immer einfach nur
da sind
und auch dort bleiben
an ihrem Fleck;
die Schatten spenden
vor der Öffentlichen Sonne
und Schutz bieten mit ihrem Blätterdach
gegen Regen, Sturm und Hagel.
Nur... was wird
bei Gewittern?

12
Entweder
ist es eine Sache der Gene
oder eine der Umwelt.
Wären es die Gene, könnte ich
beruhigt weiterschlafen.
Ist es hingegen
die Umwelt, dann ...
ist sie nicht minder mächtig
als die Gene,
also kann ich in jedem Fall
beruhigt weiterschlafen.

13
Im übrigen: alles geschafft.
Sicheres Einkommen, 4-Zimmer-Wohnung,
Freundeskreis, ja, den muss man pflegen,
die gleichgesinnten
Feierabende Wochenenden Urlaube,
gewiss,
die Quadratur des Freundeskreises
verlangt ja niemand.

Kinder erst später,
natürlich,
erst mal leben, genießen, selbst, ja,
erst wenn ihr erschöpft seid: Kinder,
und dann die Kinder leben,
genießen,
ja.
Und dann?
Dann? Lebensabend
(erquickend und labend).
Die Rosen. Vielleicht eine Weltreise.
Kultur, Lesen etwa, jetzt fehlt
die Muße dazu.
Und dann?
Abtreten.
Wohin?
Müßige Frage, vorbei ist
vorbei. Oder?

14
Eigentlich
brauchte ich dir nur
eins in die Fresse geben,
du haust zurück,
wir fallen übereinander her,
verkrallen uns, verbeißen uns,
schlagen uns die Zähne aus,
drücken uns die langen Nasen platt,
oder,
wenn wir Messer nähmen,
liefen wir zusammen aus,
zwei Ströme Blut auf dem Boden
dieser dreckigen Kneipe,

deines meines,
gemeinsam rauschte es
zur Tür hinaus,
auf den Gehsteig,
die Passanten sähen Rot,
verständigten die Polizei,
vermutlich die Sondereinheit
für Terroristenbekämpfung,
und die beamteten Gangster
wischten mit freiheitlich-demokratischen
Schrubbern unser rotes Blut
in den Gully.
Durch die unterirdischen Kanäle
schwömmen wir mit anderem Unrat
in den Fluss,
strömten darin
zum Meer hinab,
verteilten uns dort
in der Weite,
im Weiteren.

15
Aus dem Ei kroch ein Vogel.
Ein gestempeltes Ei.
Und der Vogel kam
mit einem Ring zur Welt,
am rechten Fußgelenk.
In den Ring waren
Zahlen und Buchstaben geprägt:
Daten zur Person.
Die Ornithologen wunderten sich,
sie hatten nicht damit gerechnet,
dass die Vögel ihnen ihre Arbeit

so bald schon
so nachhaltig
erleichtern würden.
Die kleinen alltäglichen Wunder.

Würde mich nicht wundern,
wenn jetzt das All an die Tür klopfte
und Guten Tag wünschte.
So entsteht der Alltag, u.a.
Würde mich nicht wundern,
wenn jetzt Greta an die Tür klopfte.
Hätte dich nicht wiedererkannt
auf der Straße.
Dafür gibts die Namensschilder
über den Türklingeln
und die Personalausweise:
dass man sich wiedererkennt.
Blicke.
Berührungen.
Worte.

16
Der Mann in der Zelle
kratzt noch immer
Striche in die Wände.
Wozu? Was ändern die Striche,
wo doch das Strafmaß
unbekannt ist?

Ausverkauf

Möglich

Liebe ist wie Menschenfressen,
meint im Radio eine Frau,
die von Worten lebt.
Der eine schluckt den andern
mit Haut und Haar,
dann die Verdauung,
der Stoffwechsel,
und übrig bleibt: Scheiße.

Nachliebe

Manchmal sehe ich dich noch,
selten, auf der Straße,
im Supermarkt,
bei Dritten.
Begegnungen anderer Art,
ungewollt und folgenlos,
fremder als zwischen Fremden.

Oberflächen, nicht mehr zu öffnen,
abgesperrte Territorien,
die Schlüssel verloren.
Du dort, ich hier,
dazwischen:
Stacheldraht,
Minengürtel,
Selbstschüsse,
die Schlagbäume gefallen.

Und kein Ausweis hilft da weiter,
im Gegenteil: gerade die Ausweise
stempeln uns ab, als die,
die wir kennen.

Haiku Zoutelandaises

1
Ein großer Himmel,
hochmütig über allem,
beachtet uns nicht.

Die alten Wolken
in verschlossener Gräue
tropfen nass herab.

Unberechenbar
rüttelt der späte Herbstwind
noch am letzten Blatt.

2
Hinter den Dünen
bis zum Rand der Welt: das Meer,
schwer und gelassen.

Die Welle vor uns
berührte Amerika.
Strandgutnachrichten.

Inmitten der See
die Kontinente Inseln,
sachlich geduldet.

3
Eher vorläufig
das Land. Ein Fleckchen Erde,
zum Verfall bestimmt.

Die darauf wohnen,
vergehen widerstrebend.
Sie glauben es nicht.

Ein kleiner Wall nur
aus Sand, Stein und Gebüsch
vor dem Dringlichen.

Nachrichten aus Deutschland

Der Sommer dieses Jahr: strahlend.
Die Sonne
scheint so schön
wie nie.

Die Luft in der Stadt erstickend,
doch gesünder als auf dem Land –
dort schützt kein Smog vor dem Ozon.

Unter der Hitze löst sich auf,
was zusammengehört:
Konturen, Paare, Hierarchien.

Im Restaurant nebenan:
die Auswahl zwischen
Schweinepest und Rinderwahn
(Salmonellen hatten wir schon).

Um unser Kernkraftwerk
gedeihen besonders: Gemüse und Krebs.
Die Wissenschaft sucht noch
die Ursachen.

Aus dem Fernsehen
nach wie vor: Waren.
Heute: Cholera-Tote aus Ruanda.
Wir zahlen mit einem Scheck
fürs Rote Kreuz.

Genugtuung: auch deutsche Soldaten
dürfen jetzt wieder morden,

aus Verantwortung
für den Frieden.

Aber seit die Große Mauer fiel,
bauen Viele
handlichere Todesstreifen
gegen das Fremde:
es wächst.

Mancher Intellektuelle,
eben noch seine roten Wunden leckend,
vermarktet nun stolz
den braunen Schorf darauf.

In meiner Firma demnächst
2000 weitere Freistellungen.
Ich bin dabei!
Die Konjunktur:
im Aufschwung begriffen,
versichern die Sponsoren Kohls
im Regierungsfernsehen.

Sommerschlussverkauf:
Sartre am Wühltisch.
Jedem die Freiheit,
sich zu wählen.

Eine Frage der Ehre

Amerikanische Soldaten sind Mörder.
Britische Soldaten sind Mörder.
Chinesische Soldaten sind Mörder.
Dänische Soldaten sind Mörder.
Ecuadorianische Soldaten sind Mörder.
Französische Soldaten sind Mörder.
Griechische Soldaten sind Mörder.
Haitianische Soldaten sind Mörder.
Italienische Soldaten sind Mörder.
Jemenitische Soldaten sind Mörder.
Kanadische Soldaten sind Mörder.
Libysche Soldaten sind Mörder.
Mexikanische Soldaten sind Mörder.
Norwegische Soldaten sind Mörder.
Österreichische Soldaten sind Mörder.
Portugiesische Soldaten sind Mörder.
Rumänische Soldaten sind Mörder.
Spanische Soldaten sind Mörder.
Türkische Soldaten sind Mörder.
Ugandische Soldaten sind Mörder.
Vietnamesische Soldaten sind Mörder.
Westsaharische Soldaten sind Mörder.
Zypriotische Soldaten sind Mörder.

Deutsche Soldaten sind:
Ärzte
Ingenieure
Philosophen
Hochleistungssportler
Entwicklungshelfer
Techniker

Verwaltungsbeamte
Logistiker

Bäcker sind keine Brothersteller,
Ärzte sind keine Heiler,
Christdemokraten keine Christen.
...
Soldaten sind keine Mörder.

Am 15. März 1996
wurde in Bosnien
der erste deutsche Soldat
durch eine Mine verwundet.

Sind
Minenfabrikanten
Mörder?

Warum wir Deutschen fast alle Menschen mögen

Neger mögen wir als Babies,
als Boxer und in Pornofilmen.
Italiener mögen wir als Pizzabäcker
und Eisverkäufer.
An den Griechen mögen wir Gyros und Tsatsiki.
Thailänderinnen und Philippininnen
mögen wir unbesehen.
Slawen mögen wir in der Regel nicht,
sie sind faul und schmutzig.
Die russische Melancholie allerdings mögen wir.
Die Niederländer mögen wir,
weil sie beinah Deutsch sprechen.
Die Schweizer sind sauber und reich.
Die Österreicher gehören zu uns.
Die Skandinavier mögen wir wie ferne Verwandte.
Indianer mögen wir dank Winnetou,
Indios aber sind faul und schmutzig.
Die Amis mögen wir, weil sie so naiv sind.
Lateinamerikaner sind schmuddelige Bastarde ...
nun gut, die Brasilianerinnen mögen wir beim Karneval.
Die Franzosen mochten wir früher nicht.
Die Briten bewundern wir noch immer.
Auch Spanien und Portugal mögen wir.
Die Chinesen mögen wir,
weil sie so alt sind.
An den Japanern schätzen wir die Disziplin.
Vietnamesen, Kambodschaner, Koreaner usw.
kann man ohnehin nicht auseinanderhalten.
Die Tibeter jedoch mögen wir,
weil sie so spirituell sind.
Inder sind leider faul und schmutzig.

Selbst die Türken mögen wir,
als Müllmänner und Erdbebenopfer.
Die Araber mögen wir nicht,
weil sie auf unserem Öl sitzen.
Die Juden haben ja jetzt ihren eigenen Staat.
Eskimos, Buschmänner, Maoris, Pygmäen usf.
kennen wir nur aus den Tierfilmen
des Deutschen Fernsehens.
Man muss ja nicht alles mögen.

Statistik

50.000
Kinder
sterben
täglich
weltweit
an
Hunger
oder
Mangel
an
ärztlicher
Versorgung

358
Milliardäre
verdienen
im
Jahr
so
viel
wie
die
Hälfte
der
Weltbevölkerung

Rechnung

Volkswirtschaftlich
ist ein Haus
nur solange von Bedeutung
bis es erbaut ist.
Steht es erst
ist es
volkswirtschaftlich
totes Kapital

Das
volkswirtschaftlich
ideale Haus
wäre demnach eines
das nie vollendet würde
oder aber eines
das
sofort nach Fertigstellung
wieder zerstört würde

Denn
die Zerstörung eines Hauses
rechnet sich
volkswirtschaftlich
wieder
insofern
an seine Stelle
ein neues Gebäude
gesetzt werden kann
das

volkswirtschaftlich
solange von Bedeutung ist
wie es gebaut wird.
(Wo aber sollen wir wohnen?)

Zum Glück

Liebling,
sie sagen, wir brauchen
zum Glück
eine Waschmaschine
eine Spülmaschine
eine Kaffeemaschine
eine Brotmaschine
eine Bohrmaschine
eine Schreibmaschine brauchen wir nicht mehr
wir haben ja
zum Glück
einen Rechner
zum Schreiben
zum Spielen
zum Zeichnen
zum Malen
zum Glück
mit Drucker
mit Fax
mit Modem
zum Internet
zum WorldWideWeb
zum Glück
online
immer immer immer
empfangsbereit
sendebereit
zum Glück
auch verkabelt
haben sie uns
längst

denn zum Glück
sagen sie
brauchen wir mindestens
ein Fernsehgerät
ein Videogerät
eine Fernbedienung
300 Kanäle
zum Glück
bald bald bald
und ein Radio
das Kassetten-Deck
den CD-Player.

Kühlschrank
Elektroherd
Mikrowelle
Mixer und Staubsauger
haben wir ja
zum Glück
schon länger
auch das Telefon
zum Glück
im Wagen noch
die beiden Handies
deines meines
für unterwegs
man weiß ja nie
was geschieht
zum Glück

Was uns jetzt
zum Glück
noch fehlt, Liebling

ist bloß Zeit
viel Zeit
aber
zum Glück
bin ich bald meinen Job los
sie denken ja
zum Glück
an Alles

Inhalt

Gedichttitel bzw. -anfänge

Weitere Bände:

Geschichten (Kleine Prosa)
Schott's Mitteilungen von einem unbewohnten Planeten (Kurzroman)
Liebe, Tod & Fritz Teufel (Erzählung)
Songbook
Denk-Bar (Essays & Ideen)
Hör-Stücke